Maria är med i Hemvärnet

Av Michael Sjödin och Stefan Sjödin

Utgiven i samarbete med Semper Miles
Copyright © 2019 Michael Sjödin och Stefan Sjödin
mariahv.se | sempermiles.se | sjodin.nu
Eftertryck eller återgivning av bokens innehåll, helt eller delvis, utan
tillstånd från upphovsrättsinnehavarna är förbjuden.
Illustrerad av Chris Acuña
Förlag: BoD – Books on Demand, Stockholm, Sverige
Tryck: BoD – Books on Demand, Norderstedt, Tyskland
ISBN 9789176994443

En informerande bok som frågvist, odramatiskt och positivt berättar för de yngre om att det faktiskt finns tiotusentals frivilliga, kontrakterade soldater runt om i Sverige. Varken konstigt eller läskigt. Tvärt om!

Det är vanliga män och kvinnor i alla åldrar med vanliga jobb och vanliga liv som är utbildade och alltid är redo till snabbt försvar, skydd, hjälp- och räddningsinsatser med mera – om, när och där det behövs.

Kalle och hans pappa är ute på lekplatsen.

Det är sommar, fint väder, lördag och de flesta är lediga från dagis, skolan och jobbet.

– Där går vår granne Maria,
säger pappa.

– Hon är snäll, säger Kalle.
Hon är visst på väg att åka
någonstans.

– Men vad konstiga kläder och väskor hon har. Varför då? Vad ska hon hitta på?

Maria hör Kalles undran, hejar på dem båda och stannar till:

– Ja, visst har jag fina kläder?! Det heter uniform. Jag är med i Hemvärnet och ska iväg på övning idag, för att lära mig nya saker.

– Hemvärnet? säger Kalle fundersamt. Vad är det?

Maria berättar:

– Det är vanliga killar och tjejer, tanter och farbröder med vanliga jobb som frivilligt hjälper till om det händer något.

– Vi letar till exempel reda på de som råkat gå vilse.

– Vi hjälper till vid skogsbränder, om det blivit översvämning eller kanske varit storm.

– För att klara det har vi speciella bilar, motorcyklar och andra fordon som kan ta sig fram överallt. Även båtar och flygplan!

– Det är mycket att lära sig och träna på, och så är vi bra på att skjuta prick. En del är så duktiga så de vinner tävlingar.

– Men varför har ni sån där uniform då? frågar Kalle.

– Det är starka, tåliga kläder som skyddar när man är ute i skog och mark eller jobbar med något. Och så kan man såklart gömma sig bättre.

– Va, gömma sig?!

– Ja, vi som är med i Hemvärnet
är soldater. Vi vaktar viktiga hus
och platser om det skulle
behövas.

– Eller letar upp och stoppar de som är dumma, vill förstöra eller ta andras saker.

– Och om någon gjort sig illa kan vi snabbt vara på plats för att rädda, plåstra om och trösta.

– Finns det många hemvärnssoldater då? undrar Kalle.

– Ja, vi behövs överallt och det finns flera tusen runt om i Sverige.

– Vilken tur att det finns såna som ni som kan så mycket och ställer upp för alla andra.
Men, vilka får vara med i det där då? frågar Kalle.

– Det kan de flesta vuxna och äldre ungdomar.

Kalle skiner upp:
– Kanske du också pappa?!

– Kanske, säger pappa. Jag har faktiskt funderat på det.

– Jodå, pappa får också vara med, säger Maria och ler.

– Vad bra, säger Kalle. Då får du också såna där kläder.

– Och vara med att rädda, hjälpa och skydda, säger pappa.

– Nej, nu måste jag skynda vidare i min uniform så jag inte kommer för sent.

Hej då så länge, säger Maria och går vidare.

Kalle och pappa vinkar efter henne.

– Bra, säger Kalle och tittar på pappa.

– Ja, jättebra, säger pappa.